MONDAY

I0394047

6 am	
7	
8	
9	
10	
11	
12 pm	
1	
2	
3	
4	
5	
6	
7	
8	

NOTES/TO DO::

INGREDIENTS NEEDED:

DAILY RECIPES:

TUESDAY

6 am	
7	
8	
9	
10	
11	
12 pm	
1	
2	
3	
4	
5	
6	
7	
8	

INGREDIENTS NEEDED:

DAILY RECIPES:

NOTES/TO DO::

WEDNESDAY

6 am	
7	
8	
9	
10	
11	
12 pm	
1	
2	
3	
4	
5	
6	
7	
8	

INGREDIENTS NEEDED:

DAILY RECIPES:

NOTES/TO DO::

THURSDAY

6 am	
7	
8	
9	
10	
11	
12 pm	
1	
2	
3	
4	
5	
6	
7	
8	

INGREDIENTS NEEDED:

DAILY RECIPES:

NOTES/TO DO::

FRIDAY

6 am	
7	
8	
9	
10	
11	
12 pm	
1	
2	
3	
4	
5	
6	
7	
8	

INGREDIENTS NEEDED:

DAILY RECIPES:

NOTES/TO DO::

SATURDAY

6 am	
7	
8	
9	
10	
11	
12 pm	
1	
2	
3	
4	
5	
6	
7	
8	

INGREDIENTS NEEDED:

DAILY RECIPES:

NOTES/TO DO::

SUNDAY

6 am	
7	
8	
9	
10	
11	
12 pm	
1	
2	
3	
4	
5	
6	
7	
8	

INGREDIENTS NEEDED:

DAILY RECIPES:

NOTES/TO DO::

MONDAY

6 am	
7	
8	
9	
10	
11	
12 pm	
1	
2	
3	
4	
5	
6	
7	
8	

INGREDIENTS NEEDED:

DAILY RECIPES:

NOTES/TO DO::

TUESDAY

6 am	
7	
8	
9	
10	
11	
12 pm	
1	
2	
3	
4	
5	
6	
7	
8	

INGREDIENTS NEEDED:

DAILY RECIPES:

NOTES/TO DO::

Wednesday

6 am	
7	
8	
9	
10	
11	
12 pm	
1	
2	
3	
4	
5	
6	
7	
8	

Ingredients Needed:

Daily Recipes:

Notes/To Do::

THURSDAY

6 am	
7	
8	
9	
10	
11	
12 pm	
1	
2	
3	
4	
5	
6	
7	
8	

INGREDIENTS NEEDED:

DAILY RECIPES:

NOTES/TO DO::

FRIDAY

6 am	
7	
8	
9	
10	
11	
12 pm	
1	
2	
3	
4	
5	
6	
7	
8	

INGREDIENTS NEEDED:

DAILY RECIPES:

NOTES/TO DO::

SATURDAY

6 am	
7	
8	
9	
10	
11	
12 pm	
1	
2	
3	
4	
5	
6	
7	
8	

INGREDIENTS NEEDED:

DAILY RECIPES:

NOTES/TO DO::

SUNDAY

6 am	
7	
8	
9	
10	
11	
12 pm	
1	
2	
3	
4	
5	
6	
7	
8	

INGREDIENTS NEEDED:

DAILY RECIPES:

NOTES/TO DO::

MONDAY

6 am	
7	
8	
9	
10	
11	
12 pm	
1	
2	
3	
4	
5	
6	
7	
8	

INGREDIENTS NEEDED:

DAILY RECIPES:

NOTES/TO DO::

TUESDAY

6 am	
7	
8	
9	
10	
11	
12 pm	
1	
2	
3	
4	
5	
6	
7	
8	

INGREDIENTS NEEDED:

DAILY RECIPES:

NOTES/TO DO::

WEDNESDAY

6 am	
7	
8	
9	
10	
11	
12 pm	
1	
2	
3	
4	
5	
6	
7	
8	

INGREDIENTS NEEDED:

DAILY RECIPES:

NOTES/TO DO::

Thursday

6 am	
7	
8	
9	
10	
11	
12 pm	
1	
2	
3	
4	
5	
6	
7	
8	

Ingredients Needed:

Daily Recipes:

Notes/To Do::

FRIDAY

6 am	
7	
8	
9	
10	
11	
12 pm	
1	
2	
3	
4	
5	
6	
7	
8	

INGREDIENTS NEEDED:

DAILY RECIPES:

NOTES/TO DO::

SATURDAY

6 am	
7	
8	
9	
10	
11	
12 pm	
1	
2	
3	
4	
5	
6	
7	
8	

INGREDIENTS NEEDED:

DAILY RECIPES:

NOTES/TO DO::

SUNDAY

6 am	
7	
8	
9	
10	
11	
12 pm	
1	
2	
3	
4	
5	
6	
7	
8	

INGREDIENTS NEEDED:

DAILY RECIPES:

NOTES/TO DO::

MONDAY

6 am	
7	
8	
9	
10	
11	
12 pm	
1	
2	
3	
4	
5	
6	
7	
8	

INGREDIENTS NEEDED:

DAILY RECIPES:

NOTES/TO DO::

TUESDAY

6 am	
7	
8	
9	
10	
11	
12 pm	
1	
2	
3	
4	
5	
6	
7	
8	

INGREDIENTS NEEDED:

DAILY RECIPES:

NOTES/TO DO::

WEDNESDAY

6 am	
7	
8	
9	
10	
11	
12 pm	
1	
2	
3	
4	
5	
6	
7	
8	

INGREDIENTS NEEDED:

DAILY RECIPES:

NOTES/TO DO::

THURSDAY

6 am	
7	
8	
9	
10	
11	
12 pm	
1	
2	
3	
4	
5	
6	
7	
8	

INGREDIENTS NEEDED:

DAILY RECIPES:

NOTES/TO DO::

FRIDAY

6 am	
7	
8	
9	
10	
11	
12 pm	
1	
2	
3	
4	
5	
6	
7	
8	

INGREDIENTS NEEDED:

DAILY RECIPES:

NOTES/TO DO::

SATURDAY

6 am	
7	
8	
9	
10	
11	
12 pm	
1	
2	
3	
4	
5	
6	
7	
8	

INGREDIENTS NEEDED:

DAILY RECIPES:

NOTES/TO DO::

SUNDAY

6 am	
7	
8	
9	
10	
11	
12 pm	
1	
2	
3	
4	
5	
6	
7	
8	

INGREDIENTS NEEDED:

DAILY RECIPES:

NOTES/TO DO::

MONDAY

6 am	
7	
8	
9	
10	
11	
12 pm	
1	
2	
3	
4	
5	
6	
7	
8	

INGREDIENTS NEEDED:

DAILY RECIPES:

NOTES/TO DO::

Tuesday

6 am	
7	
8	
9	
10	
11	
12 pm	
1	
2	
3	
4	
5	
6	
7	
8	

Ingredients Needed:

Daily Recipes:

Notes/To Do::

WEDNESDAY

6 am	
7	
8	
9	
10	
11	
12 pm	
1	
2	
3	
4	
5	
6	
7	
8	

INGREDIENTS NEEDED:

DAILY RECIPES:

NOTES/TO DO::

Thursday

6 am	
7	
8	
9	
10	
11	
12 pm	
1	
2	
3	
4	
5	
6	
7	
8	

Ingredients Needed:

Daily Recipes:

Notes/To Do::

FRIDAY

6 am	
7	
8	
9	
10	
11	
12 pm	
1	
2	
3	
4	
5	
6	
7	
8	

INGREDIENTS NEEDED:

DAILY RECIPES:

NOTES/TO DO::

SATURDAY

6 am	
7	
8	
9	
10	
11	
12 pm	
1	
2	
3	
4	
5	
6	
7	
8	

INGREDIENTS NEEDED:

DAILY RECIPES:

NOTES/TO DO::

SUNDAY

6 am	
7	
8	
9	
10	
11	
12 pm	
1	
2	
3	
4	
5	
6	
7	
8	

INGREDIENTS NEEDED:

DAILY RECIPES:

NOTES/TO DO::

Monday

6 am	
7	
8	
9	
10	
11	
12 pm	
1	
2	
3	
4	
5	
6	
7	
8	

Ingredients Needed:

Daily Recipes:

Notes/To Do::

TUESDAY

6 am	
7	
8	
9	
10	
11	
12 pm	
1	
2	
3	
4	
5	
6	
7	
8	

INGREDIENTS NEEDED:

DAILY RECIPES:

NOTES/TO DO::

WEDNESDAY

6 am	
7	
8	
9	
10	
11	
12 pm	
1	
2	
3	
4	
5	
6	
7	
8	

INGREDIENTS NEEDED:

DAILY RECIPES:

NOTES/TO DO::

THURSDAY

6 am	
7	
8	
9	
10	
11	
12 pm	
1	
2	
3	
4	
5	
6	
7	
8	

INGREDIENTS NEEDED:

DAILY RECIPES:

NOTES/TO DO::

FRIDAY

6 am	
7	
8	
9	
10	
11	
12 pm	
1	
2	
3	
4	
5	
6	
7	
8	

INGREDIENTS NEEDED:

DAILY RECIPES:

NOTES/TO DO::

SATURDAY

6 am	
7	
8	
9	
10	
11	
12 pm	
1	
2	
3	
4	
5	
6	
7	
8	

INGREDIENTS NEEDED:

DAILY RECIPES:

NOTES/TO DO::

SUNDAY

6 am	
7	
8	
9	
10	
11	
12 pm	
1	
2	
3	
4	
5	
6	
7	
8	

INGREDIENTS NEEDED:

DAILY RECIPES:

NOTES/TO DO::

MONDAY

6 am	
7	
8	
9	
10	
11	
12 pm	
1	
2	
3	
4	
5	
6	
7	
8	

INGREDIENTS NEEDED:

DAILY RECIPES:

NOTES/TO DO::

Tuesday

6 am	
7	
8	
9	
10	
11	
12 pm	
1	
2	
3	
4	
5	
6	
7	
8	

Ingredients Needed:

Daily Recipes:

Notes/To Do::

WEDNESDAY

6 am	
7	
8	
9	
10	
11	
12 pm	
1	
2	
3	
4	
5	
6	
7	
8	

INGREDIENTS NEEDED:

DAILY RECIPES:

NOTES/TO DO::

THURSDAY

6 am	
7	
8	
9	
10	
11	
12 pm	
1	
2	
3	
4	
5	
6	
7	
8	

INGREDIENTS NEEDED:

DAILY RECIPES:

NOTES/TO DO::

FRIDAY

6 am	
7	
8	
9	
10	
11	
12 pm	
1	
2	
3	
4	
5	
6	
7	
8	

INGREDIENTS NEEDED:

DAILY RECIPES:

NOTES/TO DO::

SATURDAY

6 am	
7	
8	
9	
10	
11	
12 pm	
1	
2	
3	
4	
5	
6	
7	
8	

INGREDIENTS NEEDED:

DAILY RECIPES:

NOTES/TO DO::

SUNDAY

6 am	
7	
8	
9	
10	
11	
12 pm	
1	
2	
3	
4	
5	
6	
7	
8	

INGREDIENTS NEEDED:

DAILY RECIPES:

NOTES/TO DO::

MONDAY

6 am	
7	
8	
9	
10	
11	
12 pm	
1	
2	
3	
4	
5	
6	
7	
8	

INGREDIENTS NEEDED:

DAILY RECIPES:

NOTES/TO DO::

TUESDAY

6 am	
7	
8	
9	
10	
11	
12 pm	
1	
2	
3	
4	
5	
6	
7	
8	

INGREDIENTS NEEDED:

DAILY RECIPES:

NOTES/TO DO::

Wednesday

6 am	
7	
8	
9	
10	
11	
12 pm	
1	
2	
3	
4	
5	
6	
7	
8	

Ingredients Needed:

Daily Recipes:

Notes/To Do::

Thursday

6 am	
7	
8	
9	
10	
11	
12 pm	
1	
2	
3	
4	
5	
6	
7	
8	

Ingredients Needed:

Daily Recipes:

Notes/To Do::

FRIDAY

6 am	
7	
8	
9	
10	
11	
12 pm	
1	
2	
3	
4	
5	
6	
7	
8	

INGREDIENTS NEEDED:

DAILY RECIPES:

NOTES/TO DO::

SATURDAY

6 am	
7	
8	
9	
10	
11	
12 pm	
1	
2	
3	
4	
5	
6	
7	
8	

INGREDIENTS NEEDED:

DAILY RECIPES:

NOTES/TO DO::

SUNDAY

6 am	
7	
8	
9	
10	
11	
12 pm	
1	
2	
3	
4	
5	
6	
7	
8	

INGREDIENTS NEEDED:

DAILY RECIPES:

NOTES/TO DO::

MONDAY

6 am	
7	
8	
9	
10	
11	
12 pm	
1	
2	
3	
4	
5	
6	
7	
8	

INGREDIENTS NEEDED:

DAILY RECIPES:

NOTES/TO DO::

TUESDAY

6 am	
7	
8	
9	
10	
11	
12 pm	
1	
2	
3	
4	
5	
6	
7	
8	

INGREDIENTS NEEDED:

DAILY RECIPES:

NOTES/TO DO::

WEDNESDAY

6 am	
7	
8	
9	
10	
11	
12 pm	
1	
2	
3	
4	
5	
6	
7	
8	

INGREDIENTS NEEDED:

DAILY RECIPES:

NOTES/TO DO::

THURSDAY

6 am	
7	
8	
9	
10	
11	
12 pm	
1	
2	
3	
4	
5	
6	
7	
8	

INGREDIENTS NEEDED:

DAILY RECIPES:

NOTES/TO DO::

FRIDAY

6 am	
7	
8	
9	
10	
11	
12 pm	
1	
2	
3	
4	
5	
6	
7	
8	

INGREDIENTS NEEDED:

DAILY RECIPES:

NOTES/TO DO::

SATURDAY

6 am	
7	
8	
9	
10	
11	
12 pm	
1	
2	
3	
4	
5	
6	
7	
8	

INGREDIENTS NEEDED:

DAILY RECIPES:

NOTES/TO DO::

SUNDAY

6 am	
7	
8	
9	
10	
11	
12 pm	
1	
2	
3	
4	
5	
6	
7	
8	

INGREDIENTS NEEDED:

DAILY RECIPES:

NOTES/TO DO::

MONDAY

6 am	
7	
8	
9	
10	
11	
12 pm	
1	
2	
3	
4	
5	
6	
7	
8	

INGREDIENTS NEEDED:

DAILY RECIPES:

NOTES/TO DO::

TUESDAY

6 am	
7	
8	
9	
10	
11	
12 pm	
1	
2	
3	
4	
5	
6	
7	
8	

INGREDIENTS NEEDED:

DAILY RECIPES:

NOTES/TO DO::

Wednesday

6 am	
7	
8	
9	
10	
11	
12 pm	
1	
2	
3	
4	
5	
6	
7	
8	

Ingredients Needed:

Daily Recipes:

Notes/To Do::

THURSDAY

6 am	
7	
8	
9	
10	
11	
12 pm	
1	
2	
3	
4	
5	
6	
7	
8	

INGREDIENTS NEEDED:

DAILY RECIPES:

NOTES/TO DO::

FRIDAY

6 am	
7	
8	
9	
10	
11	
12 pm	
1	
2	
3	
4	
5	
6	
7	
8	

INGREDIENTS NEEDED:

DAILY RECIPES:

NOTES/TO DO::

SATURDAY

6 am	
7	
8	
9	
10	
11	
12 pm	
1	
2	
3	
4	
5	
6	
7	
8	

INGREDIENTS NEEDED:

DAILY RECIPES:

NOTES/TO DO::

SUNDAY

6 am	
7	
8	
9	
10	
11	
12 pm	
1	
2	
3	
4	
5	
6	
7	
8	

INGREDIENTS NEEDED:

DAILY RECIPES:

NOTES/TO DO::

MONDAY

6 am	
7	
8	
9	
10	
11	
12 pm	
1	
2	
3	
4	
5	
6	
7	
8	

INGREDIENTS NEEDED:

DAILY RECIPES:

NOTES/TO DO::

TUESDAY

6 am	
7	
8	
9	
10	
11	
12 pm	
1	
2	
3	
4	
5	
6	
7	
8	

INGREDIENTS NEEDED:

DAILY RECIPES:

NOTES/TO DO::

WEDNESDAY

6 am	
7	
8	
9	
10	
11	
12 pm	
1	
2	
3	
4	
5	
6	
7	
8	

INGREDIENTS NEEDED:

DAILY RECIPES:

NOTES/TO DO::

THURSDAY

6 am	
7	
8	
9	
10	
11	
12 pm	
1	
2	
3	
4	
5	
6	
7	
8	

INGREDIENTS NEEDED:

DAILY RECIPES:

NOTES/TO DO::

FRIDAY

6 am	
7	
8	
9	
10	
11	
12 pm	
1	
2	
3	
4	
5	
6	
7	
8	

INGREDIENTS NEEDED:

DAILY RECIPES:

NOTES/TO DO::

SATURDAY

6 am
7
8
9
10
11
12 pm
1
2
3
4
5
6
7
8

INGREDIENTS NEEDED:

DAILY RECIPES:

NOTES/TO DO::

SUNDAY

6 am	
7	
8	
9	
10	
11	
12 pm	
1	
2	
3	
4	
5	
6	
7	
8	

INGREDIENTS NEEDED:

DAILY RECIPES:

NOTES/TO DO::

MONDAY

6 am	
7	
8	
9	
10	
11	
12 pm	
1	
2	
3	
4	
5	
6	
7	
8	

INGREDIENTS NEEDED:

DAILY RECIPES:

NOTES/TO DO::

TUESDAY

6 am	
7	
8	
9	
10	
11	
12 pm	
1	
2	
3	
4	
5	
6	
7	
8	

INGREDIENTS NEEDED:

DAILY RECIPES:

NOTES/TO DO::

WEDNESDAY

6 am	
7	
8	
9	
10	
11	
12 pm	
1	
2	
3	
4	
5	
6	
7	
8	

INGREDIENTS NEEDED:

DAILY RECIPES:

NOTES/TO DO::

THURSDAY

6 am	
7	
8	
9	
10	
11	
12 pm	
1	
2	
3	
4	
5	
6	
7	
8	

INGREDIENTS NEEDED:

DAILY RECIPES:

NOTES/TO DO::

FRIDAY

6 am	
7	
8	
9	
10	
11	
12 pm	
1	
2	
3	
4	
5	
6	
7	
8	

INGREDIENTS NEEDED:

DAILY RECIPES:

NOTES/TO DO::

SATURDAY

6 am	
7	
8	
9	
10	
11	
12 pm	
1	
2	
3	
4	
5	
6	
7	
8	

INGREDIENTS NEEDED:

DAILY RECIPES:

NOTES/TO DO::

SUNDAY

6 am	
7	
8	
9	
10	
11	
12 pm	
1	
2	
3	
4	
5	
6	
7	
8	

INGREDIENTS NEEDED:

DAILY RECIPES:

NOTES/TO DO::

MONDAY

6 am	
7	
8	
9	
10	
11	
12 pm	
1	
2	
3	
4	
5	
6	
7	
8	

INGREDIENTS NEEDED:

DAILY RECIPES:

NOTES/TO DO::

TUESDAY

6 am	
7	
8	
9	
10	
11	
12 pm	
1	
2	
3	
4	
5	
6	
7	
8	

INGREDIENTS NEEDED:

DAILY RECIPES:

NOTES/TO DO::

WEDNESDAY

6 am	
7	
8	
9	
10	
11	
12 pm	
1	
2	
3	
4	
5	
6	
7	
8	

INGREDIENTS NEEDED:

DAILY RECIPES:

NOTES/TO DO::

Thursday

6 am	
7	
8	
9	
10	
11	
12 pm	
1	
2	
3	
4	
5	
6	
7	
8	

Ingredients Needed:

Daily Recipes:

Notes/To Do::

FRIDAY

6 am	
7	
8	
9	
10	
11	
12 pm	
1	
2	
3	
4	
5	
6	
7	
8	

INGREDIENTS NEEDED:

DAILY RECIPES:

NOTES/TO DO::

SATURDAY

6 am	
7	
8	
9	
10	
11	
12 pm	
1	
2	
3	
4	
5	
6	
7	
8	

INGREDIENTS NEEDED:

DAILY RECIPES:

NOTES/TO DO::

SUNDAY

6 am	
7	
8	
9	
10	
11	
12 pm	
1	
2	
3	
4	
5	
6	
7	
8	

INGREDIENTS NEEDED:

DAILY RECIPES:

NOTES/TO DO::

MONDAY

6 am	
7	
8	
9	
10	
11	
12 pm	
1	
2	
3	
4	
5	
6	
7	
8	

INGREDIENTS NEEDED:

DAILY RECIPES:

NOTES/TO DO::

TUESDAY

6 am	
7	
8	
9	
10	
11	
12 pm	
1	
2	
3	
4	
5	
6	
7	
8	

INGREDIENTS NEEDED:

DAILY RECIPES:

NOTES/TO DO::

WEDNESDAY

6 am	
7	
8	
9	
10	
11	
12 pm	
1	
2	
3	
4	
5	
6	
7	
8	

INGREDIENTS NEEDED:

DAILY RECIPES:

NOTES/TO DO::

THURSDAY

6 am	
7	
8	
9	
10	
11	
12 pm	
1	
2	
3	
4	
5	
6	
7	
8	

INGREDIENTS NEEDED:

DAILY RECIPES:

NOTES/TO DO::

FRIDAY

6 am	
7	
8	
9	
10	
11	
12 pm	
1	
2	
3	
4	
5	
6	
7	
8	

INGREDIENTS NEEDED:

DAILY RECIPES:

NOTES/TO DO::

SATURDAY

6 am	
7	
8	
9	
10	
11	
12 pm	
1	
2	
3	
4	
5	
6	
7	
8	

INGREDIENTS NEEDED:

DAILY RECIPES:

NOTES/TO DO::

SUNDAY

6 am	
7	
8	
9	
10	
11	
12 pm	
1	
2	
3	
4	
5	
6	
7	
8	

INGREDIENTS NEEDED:

DAILY RECIPES:

NOTES/TO DO::

Monday

6 am	
7	
8	
9	
10	
11	
12 pm	
1	
2	
3	
4	
5	
6	
7	
8	

Ingredients Needed:

Daily Recipes:

Notes/To Do::

TUESDAY

6 am	
7	
8	
9	
10	
11	
12 pm	
1	
2	
3	
4	
5	
6	
7	
8	

INGREDIENTS NEEDED:

DAILY RECIPES:

NOTES/TO DO::

WEDNESDAY

6 am	
7	
8	
9	
10	
11	
12 pm	
1	
2	
3	
4	
5	
6	
7	
8	

INGREDIENTS NEEDED:

DAILY RECIPES:

NOTES/TO DO::

THURSDAY

6 am	
7	
8	
9	
10	
11	
12 pm	
1	
2	
3	
4	
5	
6	
7	
8	

INGREDIENTS NEEDED:

DAILY RECIPES:

NOTES/TO DO::

FRIDAY

6 am	
7	
8	
9	
10	
11	
12 pm	
1	
2	
3	
4	
5	
6	
7	
8	

INGREDIENTS NEEDED:

DAILY RECIPES:

NOTES/TO DO::

Saturday

6 am	
7	
8	
9	
10	
11	
12 pm	
1	
2	
3	
4	
5	
6	
7	
8	

Ingredients Needed:

Daily Recipes:

Notes/To Do::

SUNDAY

6 am	
7	
8	
9	
10	
11	
12 pm	
1	
2	
3	
4	
5	
6	
7	
8	

INGREDIENTS NEEDED:

DAILY RECIPES:

NOTES/TO DO::

MONDAY

6 am	
7	
8	
9	
10	
11	
12 pm	
1	
2	
3	
4	
5	
6	
7	
8	

INGREDIENTS NEEDED:

DAILY RECIPES:

NOTES/TO DO::

TUESDAY

6 am	
7	
8	
9	
10	
11	
12 pm	
1	
2	
3	
4	
5	
6	
7	
8	

INGREDIENTS NEEDED:

DAILY RECIPES:

NOTES/TO DO::

WEDNESDAY

6 am	
7	
8	
9	
10	
11	
12 pm	
1	
2	
3	
4	
5	
6	
7	
8	

INGREDIENTS NEEDED:

DAILY RECIPES:

NOTES/TO DO::

THURSDAY

6 am	
7	
8	
9	
10	
11	
12 pm	
1	
2	
3	
4	
5	
6	
7	
8	

INGREDIENTS NEEDED:

DAILY RECIPES:

NOTES/TO DO::

FRIDAY

6 am	
7	
8	
9	
10	
11	
12 pm	
1	
2	
3	
4	
5	
6	
7	
8	

INGREDIENTS NEEDED:

DAILY RECIPES:

NOTES/TO DO::

SATURDAY

6 am	
7	
8	
9	
10	
11	
12 pm	
1	
2	
3	
4	
5	
6	
7	
8	

INGREDIENTS NEEDED:

DAILY RECIPES:

NOTES/TO DO::

SUNDAY

6 am	
7	
8	
9	
10	
11	
12 pm	
1	
2	
3	
4	
5	
6	
7	
8	

INGREDIENTS NEEDED:

DAILY RECIPES:

NOTES/TO DO::

MONDAY

6 am	
7	
8	
9	
10	
11	
12 pm	
1	
2	
3	
4	
5	
6	
7	
8	

INGREDIENTS NEEDED:

DAILY RECIPES:

NOTES/TO DO::

TUESDAY

6 am	
7	
8	
9	
10	
11	
12 pm	
1	
2	
3	
4	
5	
6	
7	
8	

INGREDIENTS NEEDED:

DAILY RECIPES:

NOTES/TO DO::

WEDNESDAY

6 am	
7	
8	
9	
10	
11	
12 pm	
1	
2	
3	
4	
5	
6	
7	
8	

INGREDIENTS NEEDED:

DAILY RECIPES:

NOTES/TO DO::

THURSDAY

6 am	
7	
8	
9	
10	
11	
12 pm	
1	
2	
3	
4	
5	
6	
7	
8	

INGREDIENTS NEEDED:

DAILY RECIPES:

NOTES/TO DO::

FRIDAY

6 am	
7	
8	
9	
10	
11	
12 pm	
1	
2	
3	
4	
5	
6	
7	
8	

INGREDIENTS NEEDED:

DAILY RECIPES:

NOTES/TO DO::

Saturday

6 am	
7	
8	
9	
10	
11	
12 pm	
1	
2	
3	
4	
5	
6	
7	
8	

Ingredients Needed:

Daily Recipes:

Notes/To Do::

SUNDAY

6 am	
7	
8	
9	
10	
11	
12 pm	
1	
2	
3	
4	
5	
6	
7	
8	

INGREDIENTS NEEDED:

DAILY RECIPES:

NOTES/TO DO::

Monday

6 am	
7	
8	
9	
10	
11	
12 pm	
1	
2	
3	
4	
5	
6	
7	
8	

Ingredients Needed:

Daily Recipes:

Notes/To Do::

TUESDAY

6 am	
7	
8	
9	
10	
11	
12 pm	
1	
2	
3	
4	
5	
6	
7	
8	

INGREDIENTS NEEDED:

DAILY RECIPES:

NOTES/TO DO::

WEDNESDAY

6 am	
7	
8	
9	
10	
11	
12 pm	
1	
2	
3	
4	
5	
6	
7	
8	

INGREDIENTS NEEDED:

DAILY RECIPES:

NOTES/TO DO::

THURSDAY

6 am	
7	
8	
9	
10	
11	
12 pm	
1	
2	
3	
4	
5	
6	
7	
8	

INGREDIENTS NEEDED:

DAILY RECIPES:

NOTES/TO DO::

FRIDAY

6 am	
7	
8	
9	
10	
11	
12 pm	
1	
2	
3	
4	
5	
6	
7	
8	

INGREDIENTS NEEDED:

DAILY RECIPES:

NOTES/TO DO::

SATURDAY

6 am	
7	
8	
9	
10	
11	
12 pm	
1	
2	
3	
4	
5	
6	
7	
8	

INGREDIENTS NEEDED:

DAILY RECIPES:

NOTES/TO DO::

SUNDAY

6 am	
7	
8	
9	
10	
11	
12 pm	
1	
2	
3	
4	
5	
6	
7	
8	

INGREDIENTS NEEDED:

DAILY RECIPES:

NOTES/TO DO::

Monday

6 am	
7	
8	
9	
10	
11	
12 pm	
1	
2	
3	
4	
5	
6	
7	
8	

Ingredients Needed:

Daily Recipes:

Notes/To Do::

TUESDAY

6 am	
7	
8	
9	
10	
11	
12 pm	
1	
2	
3	
4	
5	
6	
7	
8	

INGREDIENTS NEEDED:

DAILY RECIPES:

NOTES/TO DO::

WEDNESDAY

6 am	
7	
8	
9	
10	
11	
12 pm	
1	
2	
3	
4	
5	
6	
7	
8	

INGREDIENTS NEEDED:

DAILY RECIPES:

NOTES/TO DO::

THURSDAY

6 am	
7	
8	
9	
10	
11	
12 pm	
1	
2	
3	
4	
5	
6	
7	
8	

INGREDIENTS NEEDED:

DAILY RECIPES:

NOTES/TO DO::

FRIDAY

6 am	
7	
8	
9	
10	
11	
12 pm	
1	
2	
3	
4	
5	
6	
7	
8	

INGREDIENTS NEEDED:

DAILY RECIPES:

NOTES/TO DO::

SATURDAY

6 am	
7	
8	
9	
10	
11	
12 pm	
1	
2	
3	
4	
5	
6	
7	
8	

INGREDIENTS NEEDED:

DAILY RECIPES:

NOTES/TO DO::

SUNDAY

6 am	
7	
8	
9	
10	
11	
12 pm	
1	
2	
3	
4	
5	
6	
7	
8	

INGREDIENTS NEEDED:

DAILY RECIPES:

NOTES/TO DO::

MONDAY

6 am	
7	
8	
9	
10	
11	
12 pm	
1	
2	
3	
4	
5	
6	
7	
8	

INGREDIENTS NEEDED:

DAILY RECIPES:

NOTES/TO DO::

TUESDAY

6 am	
7	
8	
9	
10	
11	
12 pm	
1	
2	
3	
4	
5	
6	
7	
8	

INGREDIENTS NEEDED:

DAILY RECIPES:

NOTES/TO DO::

WEDNESDAY

6 am	
7	
8	
9	
10	
11	
12 pm	
1	
2	
3	
4	
5	
6	
7	
8	

INGREDIENTS NEEDED:

DAILY RECIPES:

NOTES/TO DO::

THURSDAY

6 am	
7	
8	
9	
10	
11	
12 pm	
1	
2	
3	
4	
5	
6	
7	
8	

INGREDIENTS NEEDED:

DAILY RECIPES:

NOTES/TO DO::

FRIDAY

6 am	
7	
8	
9	
10	
11	
12 pm	
1	
2	
3	
4	
5	
6	
7	
8	

INGREDIENTS NEEDED:

DAILY RECIPES:

NOTES/TO DO::

SATURDAY

6 am	
7	
8	
9	
10	
11	
12 pm	
1	
2	
3	
4	
5	
6	
7	
8	

INGREDIENTS NEEDED:

DAILY RECIPES:

NOTES/TO DO::

Sunday

6 am	
7	
8	
9	
10	
11	
12 pm	
1	
2	
3	
4	
5	
6	
7	
8	

Ingredients Needed:

Daily Recipes:

Notes/To Do::

MONDAY

6 am	
7	
8	
9	
10	
11	
12 pm	
1	
2	
3	
4	
5	
6	
7	
8	

INGREDIENTS NEEDED:

DAILY RECIPES:

NOTES/TO DO::

TUESDAY

6 am	
7	
8	
9	
10	
11	
12 pm	
1	
2	
3	
4	
5	
6	
7	
8	

INGREDIENTS NEEDED:

DAILY RECIPES:

NOTES/TO DO::

WEDNESDAY

6 am	
7	
8	
9	
10	
11	
12 pm	
1	
2	
3	
4	
5	
6	
7	
8	

INGREDIENTS NEEDED:

DAILY RECIPES:

NOTES/TO DO::

THURSDAY

6 am
7
8
9
10
11
12 pm
1
2
3
4
5
6
7
8

INGREDIENTS NEEDED:

DAILY RECIPES:

NOTES/TO DO::

FRIDAY

6 am	
7	
8	
9	
10	
11	
12 pm	
1	
2	
3	
4	
5	
6	
7	
8	

NOTES/TO DO::

INGREDIENTS NEEDED:

DAILY RECIPES:

SATURDAY

6 am	
7	
8	
9	
10	
11	
12 pm	
1	
2	
3	
4	
5	
6	
7	
8	

INGREDIENTS NEEDED:

DAILY RECIPES:

NOTES/TO DO::

SUNDAY

6 am	
7	
8	
9	
10	
11	
12 pm	
1	
2	
3	
4	
5	
6	
7	
8	

INGREDIENTS NEEDED:

DAILY RECIPES:

NOTES/TO DO::

MONDAY

6 am	
7	
8	
9	
10	
11	
12 pm	
1	
2	
3	
4	
5	
6	
7	
8	

INGREDIENTS NEEDED:

DAILY RECIPES:

NOTES/TO DO::

TUESDAY

6 am	
7	
8	
9	
10	
11	
12 pm	
1	
2	
3	
4	
5	
6	
7	
8	

INGREDIENTS NEEDED:

DAILY RECIPES:

NOTES/TO DO::

WEDNESDAY

6 am	
7	
8	
9	
10	
11	
12 pm	
1	
2	
3	
4	
5	
6	
7	
8	

INGREDIENTS NEEDED:

DAILY RECIPES:

NOTES/TO DO::

THURSDAY

6 am	
7	
8	
9	
10	
11	
12 pm	
1	
2	
3	
4	
5	
6	
7	
8	

INGREDIENTS NEEDED:

DAILY RECIPES:

NOTES/TO DO::

FRIDAY

6 am	
7	
8	
9	
10	
11	
12 pm	
1	
2	
3	
4	
5	
6	
7	
8	

INGREDIENTS NEEDED:

DAILY RECIPES:

NOTES/TO DO::

Saturday

6 am
7
8
9
10
11
12 pm
1
2
3
4
5
6
7
8

Notes/To Do::

Ingredients Needed:

Daily Recipes:

Sunday

6 am	
7	
8	
9	
10	
11	
12 pm	
1	
2	
3	
4	
5	
6	
7	
8	

Ingredients Needed:

Daily Recipes:

Notes/To Do::

MONDAY

6 am	
7	
8	
9	
10	
11	
12 pm	
1	
2	
3	
4	
5	
6	
7	
8	

INGREDIENTS NEEDED:

DAILY RECIPES:

NOTES/TO DO::

TUESDAY

6 am	
7	
8	
9	
10	
11	
12 pm	
1	
2	
3	
4	
5	
6	
7	
8	

INGREDIENTS NEEDED:

DAILY RECIPES:

NOTES/TO DO::

Wednesday

6 am	
7	
8	
9	
10	
11	
12 pm	
1	
2	
3	
4	
5	
6	
7	
8	

Ingredients Needed:

Daily Recipes:

Notes/To Do::

THURSDAY

6 am	
7	
8	
9	
10	
11	
12 pm	
1	
2	
3	
4	
5	
6	
7	
8	

INGREDIENTS NEEDED:

DAILY RECIPES:

NOTES/TO DO::

FRIDAY

6 am	
7	
8	
9	
10	
11	
12 pm	
1	
2	
3	
4	
5	
6	
7	
8	

INGREDIENTS NEEDED:

DAILY RECIPES:

NOTES/TO DO::

SATURDAY

6 am	
7	
8	
9	
10	
11	
12 pm	
1	
2	
3	
4	
5	
6	
7	
8	

INGREDIENTS NEEDED:

DAILY RECIPES:

NOTES/TO DO::

SUNDAY

6 am	
7	
8	
9	
10	
11	
12 pm	
1	
2	
3	
4	
5	
6	
7	
8	

INGREDIENTS NEEDED:

DAILY RECIPES:

NOTES/TO DO::

MONDAY

6 am	
7	
8	
9	
10	
11	
12 pm	
1	
2	
3	
4	
5	
6	
7	
8	

INGREDIENTS NEEDED:

DAILY RECIPES:

NOTES/TO DO::

TUESDAY

6 am	
7	
8	
9	
10	
11	
12 pm	
1	
2	
3	
4	
5	
6	
7	
8	

INGREDIENTS NEEDED:

DAILY RECIPES:

NOTES/TO DO::

WEDNESDAY

6 am	
7	
8	
9	
10	
11	
12 pm	
1	
2	
3	
4	
5	
6	
7	
8	

INGREDIENTS NEEDED:

DAILY RECIPES:

NOTES/TO DO::

Thursday

6 am	
7	
8	
9	
10	
11	
12 pm	
1	
2	
3	
4	
5	
6	
7	
8	

Ingredients Needed:

Daily Recipes:

Notes/To Do::

FRIDAY

6 am	
7	
8	
9	
10	
11	
12 pm	
1	
2	
3	
4	
5	
6	
7	
8	

INGREDIENTS NEEDED:

DAILY RECIPES:

NOTES/TO DO::

SATURDAY

6 am	
7	
8	
9	
10	
11	
12 pm	
1	
2	
3	
4	
5	
6	
7	
8	

INGREDIENTS NEEDED:

DAILY RECIPES:

NOTES/TO DO::

SUNDAY

6 am	
7	
8	
9	
10	
11	
12 pm	
1	
2	
3	
4	
5	
6	
7	
8	

INGREDIENTS NEEDED:

DAILY RECIPES:

NOTES/TO DO::

MONDAY

6 am	
7	
8	
9	
10	
11	
12 pm	
1	
2	
3	
4	
5	
6	
7	
8	

INGREDIENTS NEEDED:

DAILY RECIPES:

NOTES/TO DO::

TUESDAY

6 am	
7	
8	
9	
10	
11	
12 pm	
1	
2	
3	
4	
5	
6	
7	
8	

INGREDIENTS NEEDED:

DAILY RECIPES:

NOTES/TO DO::

WEDNESDAY

6 am	
7	
8	
9	
10	
11	
12 pm	
1	
2	
3	
4	
5	
6	
7	
8	

INGREDIENTS NEEDED:

DAILY RECIPES:

NOTES/TO DO::

THURSDAY

6 am	
7	
8	
9	
10	
11	
12 pm	
1	
2	
3	
4	
5	
6	
7	
8	

INGREDIENTS NEEDED:

DAILY RECIPES:

NOTES/TO DO::

FRIDAY

6 am	
7	
8	
9	
10	
11	
12 pm	
1	
2	
3	
4	
5	
6	
7	
8	

INGREDIENTS NEEDED:

DAILY RECIPES:

NOTES/TO DO::

Saturday

6 am	
7	
8	
9	
10	
11	
12 pm	
1	
2	
3	
4	
5	
6	
7	
8	

Ingredients Needed:

Daily Recipes:

Notes/To Do::

SUNDAY

6 am	
7	
8	
9	
10	
11	
12 pm	
1	
2	
3	
4	
5	
6	
7	
8	

INGREDIENTS NEEDED:

DAILY RECIPES:

NOTES/TO DO::

Monday

6 am	
7	
8	
9	
10	
11	
12 pm	
1	
2	
3	
4	
5	
6	
7	
8	

Ingredients Needed:

Daily Recipes:

Notes/To Do::

TUESDAY

6 am	
7	
8	
9	
10	
11	
12 pm	
1	
2	
3	
4	
5	
6	
7	
8	

INGREDIENTS NEEDED:

DAILY RECIPES:

NOTES/TO DO::

WEDNESDAY

6 am	
7	
8	
9	
10	
11	
12 pm	
1	
2	
3	
4	
5	
6	
7	
8	

INGREDIENTS NEEDED:

DAILY RECIPES:

NOTES/TO DO::

THURSDAY

6 am	
7	
8	
9	
10	
11	
12 pm	
1	
2	
3	
4	
5	
6	
7	
8	

INGREDIENTS NEEDED:

DAILY RECIPES:

NOTES/TO DO::

FRIDAY

6 am	
7	
8	
9	
10	
11	
12 pm	
1	
2	
3	
4	
5	
6	
7	
8	

INGREDIENTS NEEDED:

DAILY RECIPES:

NOTES/TO DO::

SATURDAY

6 am	
7	
8	
9	
10	
11	
12 pm	
1	
2	
3	
4	
5	
6	
7	
8	

INGREDIENTS NEEDED:

DAILY RECIPES:

NOTES/TO DO::

SUNDAY

6 am	
7	
8	
9	
10	
11	
12 pm	
1	
2	
3	
4	
5	
6	
7	
8	

INGREDIENTS NEEDED:

DAILY RECIPES:

NOTES/TO DO::

MONDAY

6 am	
7	
8	
9	
10	
11	
12 pm	
1	
2	
3	
4	
5	
6	
7	
8	

INGREDIENTS NEEDED:

DAILY RECIPES:

NOTES/TO DO::

TUESDAY

6 am	
7	
8	
9	
10	
11	
12 pm	
1	
2	
3	
4	
5	
6	
7	
8	

INGREDIENTS NEEDED:

DAILY RECIPES:

NOTES/TO DO::

WEDNESDAY

6 am	
7	
8	
9	
10	
11	
12 pm	
1	
2	
3	
4	
5	
6	
7	
8	

INGREDIENTS NEEDED:

DAILY RECIPES:

NOTES/TO DO::

THURSDAY

6 am	
7	
8	
9	
10	
11	
12 pm	
1	
2	
3	
4	
5	
6	
7	
8	

INGREDIENTS NEEDED:

DAILY RECIPES:

NOTES/TO DO::

FRIDAY

6 am	
7	
8	
9	
10	
11	
12 pm	
1	
2	
3	
4	
5	
6	
7	
8	

INGREDIENTS NEEDED:

DAILY RECIPES:

NOTES/TO DO::

SATURDAY

6 am	
7	
8	
9	
10	
11	
12 pm	
1	
2	
3	
4	
5	
6	
7	
8	

INGREDIENTS NEEDED:

DAILY RECIPES:

NOTES/TO DO::

SUNDAY

6 am	
7	
8	
9	
10	
11	
12 pm	
1	
2	
3	
4	
5	
6	
7	
8	

INGREDIENTS NEEDED:

DAILY RECIPES:

NOTES/TO DO::

MONDAY

6 am	
7	
8	
9	
10	
11	
12 pm	
1	
2	
3	
4	
5	
6	
7	
8	

INGREDIENTS NEEDED:

DAILY RECIPES:

NOTES/TO DO::

TUESDAY

6 am	
7	
8	
9	
10	
11	
12 pm	
1	
2	
3	
4	
5	
6	
7	
8	

INGREDIENTS NEEDED:

DAILY RECIPES:

NOTES/TO DO::

WEDNESDAY

6 am	
7	
8	
9	
10	
11	
12 pm	
1	
2	
3	
4	
5	
6	
7	
8	

INGREDIENTS NEEDED:

DAILY RECIPES:

NOTES/TO DO::

THURSDAY

6 am	
7	
8	
9	
10	
11	
12 pm	
1	
2	
3	
4	
5	
6	
7	
8	

INGREDIENTS NEEDED:

DAILY RECIPES:

NOTES/TO DO::

FRIDAY

6 am	
7	
8	
9	
10	
11	
12 pm	
1	
2	
3	
4	
5	
6	
7	
8	

INGREDIENTS NEEDED:

DAILY RECIPES:

NOTES/TO DO::

Saturday

6 am	
7	
8	
9	
10	
11	
12 pm	
1	
2	
3	
4	
5	
6	
7	
8	

Ingredients Needed:

Daily Recipes:

Notes/To Do::

SUNDAY

6 am	
7	
8	
9	
10	
11	
12 pm	
1	
2	
3	
4	
5	
6	
7	
8	

INGREDIENTS NEEDED:

DAILY RECIPES:

NOTES/TO DO::

MONDAY

6 am	
7	
8	
9	
10	
11	
12 pm	
1	
2	
3	
4	
5	
6	
7	
8	

INGREDIENTS NEEDED:

DAILY RECIPES:

NOTES/TO DO::

TUESDAY

6 am	
7	
8	
9	
10	
11	
12 pm	
1	
2	
3	
4	
5	
6	
7	
8	

INGREDIENTS NEEDED:

DAILY RECIPES:

NOTES/TO DO::

WEDNESDAY

6 am	
7	
8	
9	
10	
11	
12 pm	
1	
2	
3	
4	
5	
6	
7	
8	

INGREDIENTS NEEDED:

DAILY RECIPES:

NOTES/TO DO::

Thursday

6 am	
7	
8	
9	
10	
11	
12 pm	
1	
2	
3	
4	
5	
6	
7	
8	

Ingredients Needed:

Daily Recipes:

Notes/To Do::

FRIDAY

6 am	
7	
8	
9	
10	
11	
12 pm	
1	
2	
3	
4	
5	
6	
7	
8	

INGREDIENTS NEEDED:

DAILY RECIPES:

NOTES/TO DO::

SATURDAY

6 am	
7	
8	
9	
10	
11	
12 pm	
1	
2	
3	
4	
5	
6	
7	
8	

INGREDIENTS NEEDED:

DAILY RECIPES:

NOTES/TO DO::

SUNDAY

6 am	
7	
8	
9	
10	
11	
12 pm	
1	
2	
3	
4	
5	
6	
7	
8	

INGREDIENTS NEEDED:

DAILY RECIPES:

NOTES/TO DO::

MONDAY

6 am
7
8
9
10
11
12 pm
1
2
3
4
5
6
7
8

INGREDIENTS NEEDED:

DAILY RECIPES:

NOTES/TO DO::

TUESDAY

6 am	
7	
8	
9	
10	
11	
12 pm	
1	
2	
3	
4	
5	
6	
7	
8	

INGREDIENTS NEEDED:

DAILY RECIPES:

NOTES/TO DO::

WEDNESDAY

6 am	
7	
8	
9	
10	
11	
12 pm	
1	
2	
3	
4	
5	
6	
7	
8	

INGREDIENTS NEEDED:

DAILY RECIPES:

NOTES/TO DO::

THURSDAY

6 am	
7	
8	
9	
10	
11	
12 pm	
1	
2	
3	
4	
5	
6	
7	
8	

INGREDIENTS NEEDED:

DAILY RECIPES:

NOTES/TO DO::

FRIDAY

6 am	
7	
8	
9	
10	
11	
12 pm	
1	
2	
3	
4	
5	
6	
7	
8	

INGREDIENTS NEEDED:

DAILY RECIPES:

NOTES/TO DO::

SATURDAY

6 am	
7	
8	
9	
10	
11	
12 pm	
1	
2	
3	
4	
5	
6	
7	
8	

INGREDIENTS NEEDED:

DAILY RECIPES:

NOTES/TO DO::

SUNDAY

6 am	
7	
8	
9	
10	
11	
12 pm	
1	
2	
3	
4	
5	
6	
7	
8	

INGREDIENTS NEEDED:

DAILY RECIPES:

NOTES/TO DO::

MONDAY

6 am	
7	
8	
9	
10	
11	
12 pm	
1	
2	
3	
4	
5	
6	
7	
8	

INGREDIENTS NEEDED:

DAILY RECIPES:

NOTES/TO DO::

TUESDAY

6 am	
7	
8	
9	
10	
11	
12 pm	
1	
2	
3	
4	
5	
6	
7	
8	

INGREDIENTS NEEDED:

DAILY RECIPES:

NOTES/TO DO::

Wednesday

6 am	
7	
8	
9	
10	
11	
12 pm	
1	
2	
3	
4	
5	
6	
7	
8	

Notes/To Do::

Ingredients Needed:

Daily Recipes:

THURSDAY

6 am	
7	
8	
9	
10	
11	
12 pm	
1	
2	
3	
4	
5	
6	
7	
8	

INGREDIENTS NEEDED:

DAILY RECIPES:

NOTES/TO DO::

FRIDAY

6 am	
7	
8	
9	
10	
11	
12 pm	
1	
2	
3	
4	
5	
6	
7	
8	

INGREDIENTS NEEDED:

DAILY RECIPES:

NOTES/TO DO::

Saturday

6 am	
7	
8	
9	
10	
11	
12 pm	
1	
2	
3	
4	
5	
6	
7	
8	

Ingredients Needed:

Daily Recipes:

Notes/To Do::

SUNDAY

6 am	
7	
8	
9	
10	
11	
12 pm	
1	
2	
3	
4	
5	
6	
7	
8	

INGREDIENTS NEEDED:

DAILY RECIPES:

NOTES/TO DO::

MONDAY

6 am	
7	
8	
9	
10	
11	
12 pm	
1	
2	
3	
4	
5	
6	
7	
8	

INGREDIENTS NEEDED:

DAILY RECIPES:

NOTES/TO DO::

TUESDAY

6 am	
7	
8	
9	
10	
11	
12 pm	
1	
2	
3	
4	
5	
6	
7	
8	

INGREDIENTS NEEDED:

DAILY RECIPES:

NOTES/TO DO::

WEDNESDAY

6 am	
7	
8	
9	
10	
11	
12 pm	
1	
2	
3	
4	
5	
6	
7	
8	

INGREDIENTS NEEDED:

DAILY RECIPES:

NOTES/TO DO::

THURSDAY

6 am	
7	
8	
9	
10	
11	
12 pm	
1	
2	
3	
4	
5	
6	
7	
8	

INGREDIENTS NEEDED:

DAILY RECIPES:

NOTES/TO DO::

FRIDAY

6 am	
7	
8	
9	
10	
11	
12 pm	
1	
2	
3	
4	
5	
6	
7	
8	

INGREDIENTS NEEDED:

DAILY RECIPES:

NOTES/TO DO::

SATURDAY

6 am	
7	
8	
9	
10	
11	
12 pm	
1	
2	
3	
4	
5	
6	
7	
8	

INGREDIENTS NEEDED:

DAILY RECIPES:

NOTES/TO DO::

SUNDAY

6 am	
7	
8	
9	
10	
11	
12 pm	
1	
2	
3	
4	
5	
6	
7	
8	

INGREDIENTS NEEDED:

DAILY RECIPES:

NOTES/TO DO::

MONDAY

6 am	
7	
8	
9	
10	
11	
12 pm	
1	
2	
3	
4	
5	
6	
7	
8	

INGREDIENTS NEEDED:

DAILY RECIPES:

NOTES/TO DO::

TUESDAY

6 am	
7	
8	
9	
10	
11	
12 pm	
1	
2	
3	
4	
5	
6	
7	
8	

INGREDIENTS NEEDED:

DAILY RECIPES:

NOTES/TO DO::

WEDNESDAY

6 am	
7	
8	
9	
10	
11	
12 pm	
1	
2	
3	
4	
5	
6	
7	
8	

INGREDIENTS NEEDED:

DAILY RECIPES:

NOTES/TO DO::

THURSDAY

6 am	
7	
8	
9	
10	
11	
12 pm	
1	
2	
3	
4	
5	
6	
7	
8	

INGREDIENTS NEEDED:

DAILY RECIPES:

NOTES/TO DO::

FRIDAY

6 am	
7	
8	
9	
10	
11	
12 pm	
1	
2	
3	
4	
5	
6	
7	
8	

INGREDIENTS NEEDED:

DAILY RECIPES:

NOTES/TO DO::

SATURDAY

6 am	
7	
8	
9	
10	
11	
12 pm	
1	
2	
3	
4	
5	
6	
7	
8	

INGREDIENTS NEEDED:

DAILY RECIPES:

NOTES/TO DO::

SUNDAY

6 am	
7	
8	
9	
10	
11	
12 pm	
1	
2	
3	
4	
5	
6	
7	
8	

INGREDIENTS NEEDED:

DAILY RECIPES:

NOTES/TO DO::

MONDAY

6 am	
7	
8	
9	
10	
11	
12 pm	
1	
2	
3	
4	
5	
6	
7	
8	

INGREDIENTS NEEDED:

DAILY RECIPES:

NOTES/TO DO::

TUESDAY

6 am	
7	
8	
9	
10	
11	
12 pm	
1	
2	
3	
4	
5	
6	
7	
8	

INGREDIENTS NEEDED:

DAILY RECIPES:

NOTES/TO DO::

WEDNESDAY

6 am	
7	
8	
9	
10	
11	
12 pm	
1	
2	
3	
4	
5	
6	
7	
8	

INGREDIENTS NEEDED:

DAILY RECIPES:

NOTES/TO DO::

THURSDAY

6 am	
7	
8	
9	
10	
11	
12 pm	
1	
2	
3	
4	
5	
6	
7	
8	

INGREDIENTS NEEDED:

DAILY RECIPES:

NOTES/TO DO::

FRIDAY

6 am	
7	
8	
9	
10	
11	
12 pm	
1	
2	
3	
4	
5	
6	
7	
8	

INGREDIENTS NEEDED:

DAILY RECIPES:

NOTES/TO DO::

SATURDAY

6 am	
7	
8	
9	
10	
11	
12 pm	
1	
2	
3	
4	
5	
6	
7	
8	

INGREDIENTS NEEDED:

DAILY RECIPES:

NOTES/TO DO::

SUNDAY

6 am	
7	
8	
9	
10	
11	
12 pm	
1	
2	
3	
4	
5	
6	
7	
8	

INGREDIENTS NEEDED:

DAILY RECIPES:

NOTES/TO DO::

MONDAY

6 am	
7	
8	
9	
10	
11	
12 pm	
1	
2	
3	
4	
5	
6	
7	
8	

INGREDIENTS NEEDED:

DAILY RECIPES:

NOTES/TO DO::

TUESDAY

6 am	
7	
8	
9	
10	
11	
12 pm	
1	
2	
3	
4	
5	
6	
7	
8	

INGREDIENTS NEEDED:

DAILY RECIPES:

NOTES/TO DO::

WEDNESDAY

6 am	
7	
8	
9	
10	
11	
12 pm	
1	
2	
3	
4	
5	
6	
7	
8	

INGREDIENTS NEEDED:

DAILY RECIPES:

NOTES/TO DO::

THURSDAY

6 am	
7	
8	
9	
10	
11	
12 pm	
1	
2	
3	
4	
5	
6	
7	
8	

INGREDIENTS NEEDED:

DAILY RECIPES:

NOTES/TO DO::

FRIDAY

6 am	
7	
8	
9	
10	
11	
12 pm	
1	
2	
3	
4	
5	
6	
7	
8	

INGREDIENTS NEEDED:

DAILY RECIPES:

NOTES/TO DO::

SATURDAY

6 am	
7	
8	
9	
10	
11	
12 pm	
1	
2	
3	
4	
5	
6	
7	
8	

INGREDIENTS NEEDED:

DAILY RECIPES:

NOTES/TO DO::

SUNDAY

6 am	
7	
8	
9	
10	
11	
12 pm	
1	
2	
3	
4	
5	
6	
7	
8	

INGREDIENTS NEEDED:

DAILY RECIPES:

NOTES/TO DO::

MONDAY

6 am	
7	
8	
9	
10	
11	
12 pm	
1	
2	
3	
4	
5	
6	
7	
8	

INGREDIENTS NEEDED:

DAILY RECIPES:

NOTES/TO DO::

TUESDAY

6 am	
7	
8	
9	
10	
11	
12 pm	
1	
2	
3	
4	
5	
6	
7	
8	

INGREDIENTS NEEDED:

DAILY RECIPES:

NOTES/TO DO::

WEDNESDAY

6 am	
7	
8	
9	
10	
11	
12 pm	
1	
2	
3	
4	
5	
6	
7	
8	

INGREDIENTS NEEDED:

DAILY RECIPES:

NOTES/TO DO::

THURSDAY

6 am	
7	
8	
9	
10	
11	
12 pm	
1	
2	
3	
4	
5	
6	
7	
8	

INGREDIENTS NEEDED:

DAILY RECIPES:

NOTES/TO DO::

FRIDAY

6 am	
7	
8	
9	
10	
11	
12 pm	
1	
2	
3	
4	
5	
6	
7	
8	

INGREDIENTS NEEDED:

DAILY RECIPES:

NOTES/TO DO::

SATURDAY

6 am	
7	
8	
9	
10	
11	
12 pm	
1	
2	
3	
4	
5	
6	
7	
8	

INGREDIENTS NEEDED:

DAILY RECIPES:

NOTES/TO DO::

SUNDAY

6 am	
7	
8	
9	
10	
11	
12 pm	
1	
2	
3	
4	
5	
6	
7	
8	

INGREDIENTS NEEDED:

DAILY RECIPES:

NOTES/TO DO::

MONDAY

6 am	
7	
8	
9	
10	
11	
12 pm	
1	
2	
3	
4	
5	
6	
7	
8	

INGREDIENTS NEEDED:

DAILY RECIPES:

NOTES/TO DO::

TUESDAY

6 am	
7	
8	
9	
10	
11	
12 pm	
1	
2	
3	
4	
5	
6	
7	
8	

INGREDIENTS NEEDED:

DAILY RECIPES:

NOTES/TO DO::

WEDNESDAY

6 am	
7	
8	
9	
10	
11	
12 pm	
1	
2	
3	
4	
5	
6	
7	
8	

INGREDIENTS NEEDED:

DAILY RECIPES:

NOTES/TO DO::

THURSDAY

6 am	
7	
8	
9	
10	
11	
12 pm	
1	
2	
3	
4	
5	
6	
7	
8	

INGREDIENTS NEEDED:

DAILY RECIPES:

NOTES/TO DO::

FRIDAY

6 am	
7	
8	
9	
10	
11	
12 pm	
1	
2	
3	
4	
5	
6	
7	
8	

INGREDIENTS NEEDED:

DAILY RECIPES:

NOTES/TO DO::

SATURDAY

6 am	
7	
8	
9	
10	
11	
12 pm	
1	
2	
3	
4	
5	
6	
7	
8	

INGREDIENTS NEEDED:

DAILY RECIPES:

NOTES/TO DO::

SUNDAY

6 am	
7	
8	
9	
10	
11	
12 pm	
1	
2	
3	
4	
5	
6	
7	
8	

INGREDIENTS NEEDED:

DAILY RECIPES:

NOTES/TO DO::

MONDAY

6 am	
7	
8	
9	
10	
11	
12 pm	
1	
2	
3	
4	
5	
6	
7	
8	

INGREDIENTS NEEDED:

DAILY RECIPES:

NOTES/TO DO::

TUESDAY

6 am	
7	
8	
9	
10	
11	
12 pm	
1	
2	
3	
4	
5	
6	
7	
8	

INGREDIENTS NEEDED:

DAILY RECIPES:

NOTES/TO DO::

WEDNESDAY

6 am	
7	
8	
9	
10	
11	
12 pm	
1	
2	
3	
4	
5	
6	
7	
8	

INGREDIENTS NEEDED:

DAILY RECIPES:

NOTES/TO DO::

THURSDAY

6 am	
7	
8	
9	
10	
11	
12 pm	
1	
2	
3	
4	
5	
6	
7	
8	

INGREDIENTS NEEDED:

DAILY RECIPES:

NOTES/TO DO::

FRIDAY

6 am	
7	
8	
9	
10	
11	
12 pm	
1	
2	
3	
4	
5	
6	
7	
8	

INGREDIENTS NEEDED:

DAILY RECIPES:

NOTES/TO DO::

SATURDAY

6 am	
7	
8	
9	
10	
11	
12 pm	
1	
2	
3	
4	
5	
6	
7	
8	

INGREDIENTS NEEDED:

DAILY RECIPES:

NOTES/TO DO::

SUNDAY

6 am	
7	
8	
9	
10	
11	
12 pm	
1	
2	
3	
4	
5	
6	
7	
8	

INGREDIENTS NEEDED:

DAILY RECIPES:

NOTES/TO DO::

MONDAY

6 am	
7	
8	
9	
10	
11	
12 pm	
1	
2	
3	
4	
5	
6	
7	
8	

INGREDIENTS NEEDED:

DAILY RECIPES:

NOTES/TO DO::

TUESDAY

6 am	
7	
8	
9	
10	
11	
12 pm	
1	
2	
3	
4	
5	
6	
7	
8	

INGREDIENTS NEEDED:

DAILY RECIPES:

NOTES/TO DO::

WEDNESDAY

6 am	
7	
8	
9	
10	
11	
12 pm	
1	
2	
3	
4	
5	
6	
7	
8	

INGREDIENTS NEEDED:

DAILY RECIPES:

NOTES/TO DO::

THURSDAY

6 am	
7	
8	
9	
10	
11	
12 pm	
1	
2	
3	
4	
5	
6	
7	
8	

INGREDIENTS NEEDED:

DAILY RECIPES:

NOTES/TO DO::

FRIDAY

6 am	
7	
8	
9	
10	
11	
12 pm	
1	
2	
3	
4	
5	
6	
7	
8	

INGREDIENTS NEEDED:

DAILY RECIPES:

NOTES/TO DO::

SATURDAY

6 am	
7	
8	
9	
10	
11	
12 pm	
1	
2	
3	
4	
5	
6	
7	
8	

INGREDIENTS NEEDED:

DAILY RECIPES:

NOTES/TO DO::

SUNDAY

6 am	
7	
8	
9	
10	
11	
12 pm	
1	
2	
3	
4	
5	
6	
7	
8	

INGREDIENTS NEEDED:

DAILY RECIPES:

NOTES/TO DO::

MONDAY

6 am	
7	
8	
9	
10	
11	
12 pm	
1	
2	
3	
4	
5	
6	
7	
8	

INGREDIENTS NEEDED:

DAILY RECIPES:

NOTES/TO DO::

TUESDAY

6 am	
7	
8	
9	
10	
11	
12 pm	
1	
2	
3	
4	
5	
6	
7	
8	

INGREDIENTS NEEDED:

DAILY RECIPES:

NOTES/TO DO::

WEDNESDAY

6 am	
7	
8	
9	
10	
11	
12 pm	
1	
2	
3	
4	
5	
6	
7	
8	

INGREDIENTS NEEDED:

DAILY RECIPES:

NOTES/TO DO::

THURSDAY

6 am	
7	
8	
9	
10	
11	
12 pm	
1	
2	
3	
4	
5	
6	
7	
8	

INGREDIENTS NEEDED:

DAILY RECIPES:

NOTES/TO DO::

FRIDAY

6 am	
7	
8	
9	
10	
11	
12 pm	
1	
2	
3	
4	
5	
6	
7	
8	

INGREDIENTS NEEDED:

DAILY RECIPES:

NOTES/TO DO::

SATURDAY

6 am	
7	
8	
9	
10	
11	
12 pm	
1	
2	
3	
4	
5	
6	
7	
8	

INGREDIENTS NEEDED:

DAILY RECIPES:

NOTES/TO DO::

SUNDAY

6 am	
7	
8	
9	
10	
11	
12 pm	
1	
2	
3	
4	
5	
6	
7	
8	

INGREDIENTS NEEDED:

DAILY RECIPES:

NOTES/TO DO::

MONDAY

6 am	
7	
8	
9	
10	
11	
12 pm	
1	
2	
3	
4	
5	
6	
7	
8	

INGREDIENTS NEEDED:

DAILY RECIPES:

NOTES/TO DO::

TUESDAY

6 am	
7	
8	
9	
10	
11	
12 pm	
1	
2	
3	
4	
5	
6	
7	
8	

INGREDIENTS NEEDED:

DAILY RECIPES:

NOTES/TO DO::

WEDNESDAY

6 am	
7	
8	
9	
10	
11	
12 pm	
1	
2	
3	
4	
5	
6	
7	
8	

NOTES/TO DO::

INGREDIENTS NEEDED:

DAILY RECIPES:

THURSDAY

6 am	
7	
8	
9	
10	
11	
12 pm	
1	
2	
3	
4	
5	
6	
7	
8	

INGREDIENTS NEEDED:

DAILY RECIPES:

NOTES/TO DO::

FRIDAY

6 am	
7	
8	
9	
10	
11	
12 pm	
1	
2	
3	
4	
5	
6	
7	
8	

NOTES/TO DO::

INGREDIENTS NEEDED:

DAILY RECIPES:

SATURDAY

6 am	
7	
8	
9	
10	
11	
12 pm	
1	
2	
3	
4	
5	
6	
7	
8	

INGREDIENTS NEEDED:

DAILY RECIPES:

NOTES/TO DO::

SUNDAY

6 am	
7	
8	
9	
10	
11	
12 pm	
1	
2	
3	
4	
5	
6	
7	
8	

INGREDIENTS NEEDED:

DAILY RECIPES:

NOTES/TO DO::

MONDAY

6 am	
7	
8	
9	
10	
11	
12 pm	
1	
2	
3	
4	
5	
6	
7	
8	

INGREDIENTS NEEDED:

DAILY RECIPES:

NOTES/TO DO::

TUESDAY

6 am	
7	
8	
9	
10	
11	
12 pm	
1	
2	
3	
4	
5	
6	
7	
8	

INGREDIENTS NEEDED:

DAILY RECIPES:

NOTES/TO DO::

WEDNESDAY

6 am	
7	
8	
9	
10	
11	
12 pm	
1	
2	
3	
4	
5	
6	
7	
8	

INGREDIENTS NEEDED:

DAILY RECIPES:

NOTES/TO DO::

THURSDAY

6 am	
7	
8	
9	
10	
11	
12 pm	
1	
2	
3	
4	
5	
6	
7	
8	

INGREDIENTS NEEDED:

DAILY RECIPES:

NOTES/TO DO::

FRIDAY

6 am	
7	
8	
9	
10	
11	
12 pm	
1	
2	
3	
4	
5	
6	
7	
8	

INGREDIENTS NEEDED:

DAILY RECIPES:

NOTES/TO DO::

SATURDAY

6 am	
7	
8	
9	
10	
11	
12 pm	
1	
2	
3	
4	
5	
6	
7	
8	

INGREDIENTS NEEDED:

DAILY RECIPES:

NOTES/TO DO::

SUNDAY

6 am	
7	
8	
9	
10	
11	
12 pm	
1	
2	
3	
4	
5	
6	
7	
8	

INGREDIENTS NEEDED:

DAILY RECIPES:

NOTES/TO DO::

MONDAY

6 am	
7	
8	
9	
10	
11	
12 pm	
1	
2	
3	
4	
5	
6	
7	
8	

INGREDIENTS NEEDED:

DAILY RECIPES:

NOTES/TO DO::

TUESDAY

6 am	
7	
8	
9	
10	
11	
12 pm	
1	
2	
3	
4	
5	
6	
7	
8	

INGREDIENTS NEEDED:

DAILY RECIPES:

NOTES/TO DO::

WEDNESDAY

6 am	
7	
8	
9	
10	
11	
12 pm	
1	
2	
3	
4	
5	
6	
7	
8	

INGREDIENTS NEEDED:

DAILY RECIPES:

NOTES/TO DO::

THURSDAY

6 am	
7	
8	
9	
10	
11	
12 pm	
1	
2	
3	
4	
5	
6	
7	
8	

INGREDIENTS NEEDED:

DAILY RECIPES:

NOTES/TO DO::

FRIDAY

6 am	
7	
8	
9	
10	
11	
12 pm	
1	
2	
3	
4	
5	
6	
7	
8	

INGREDIENTS NEEDED:

DAILY RECIPES:

NOTES/TO DO::

SATURDAY

6 am	
7	
8	
9	
10	
11	
12 pm	
1	
2	
3	
4	
5	
6	
7	
8	

INGREDIENTS NEEDED:

DAILY RECIPES:

NOTES/TO DO::

SUNDAY

6 am	
7	
8	
9	
10	
11	
12 pm	
1	
2	
3	
4	
5	
6	
7	
8	

INGREDIENTS NEEDED:

DAILY RECIPES:

NOTES/TO DO::

MONDAY

6 am	
7	
8	
9	
10	
11	
12 pm	
1	
2	
3	
4	
5	
6	
7	
8	

INGREDIENTS NEEDED:

DAILY RECIPES:

NOTES/TO DO::

TUESDAY

6 am	
7	
8	
9	
10	
11	
12 pm	
1	
2	
3	
4	
5	
6	
7	
8	

INGREDIENTS NEEDED:

DAILY RECIPES:

NOTES/TO DO::

WEDNESDAY

6 am	
7	
8	
9	
10	
11	
12 pm	
1	
2	
3	
4	
5	
6	
7	
8	

INGREDIENTS NEEDED:

DAILY RECIPES:

NOTES/TO DO::

THURSDAY

6 am	
7	
8	
9	
10	
11	
12 pm	
1	
2	
3	
4	
5	
6	
7	
8	

INGREDIENTS NEEDED:

DAILY RECIPES:

NOTES/TO DO::

FRIDAY

6 am	
7	
8	
9	
10	
11	
12 pm	
1	
2	
3	
4	
5	
6	
7	
8	

INGREDIENTS NEEDED:

DAILY RECIPES:

NOTES/TO DO::

SATURDAY

6 am	
7	
8	
9	
10	
11	
12 pm	
1	
2	
3	
4	
5	
6	
7	
8	

INGREDIENTS NEEDED:

DAILY RECIPES:

NOTES/TO DO::

SUNDAY

6 am	
7	
8	
9	
10	
11	
12 pm	
1	
2	
3	
4	
5	
6	
7	
8	

INGREDIENTS NEEDED:

DAILY RECIPES:

NOTES/TO DO::

MONDAY

6 am	
7	
8	
9	
10	
11	
12 pm	
1	
2	
3	
4	
5	
6	
7	
8	

INGREDIENTS NEEDED:

DAILY RECIPES:

NOTES/TO DO::

TUESDAY

6 am	
7	
8	
9	
10	
11	
12 pm	
1	
2	
3	
4	
5	
6	
7	
8	

INGREDIENTS NEEDED:

DAILY RECIPES:

NOTES/TO DO::

WEDNESDAY

6 am	
7	
8	
9	
10	
11	
12 pm	
1	
2	
3	
4	
5	
6	
7	
8	

INGREDIENTS NEEDED:

DAILY RECIPES:

NOTES/TO DO::

THURSDAY

6 am	
7	
8	
9	
10	
11	
12 pm	
1	
2	
3	
4	
5	
6	
7	
8	

INGREDIENTS NEEDED:

DAILY RECIPES:

NOTES/TO DO::

FRIDAY

6 am	
7	
8	
9	
10	
11	
12 pm	
1	
2	
3	
4	
5	
6	
7	
8	

INGREDIENTS NEEDED:

DAILY RECIPES:

NOTES/TO DO::

SATURDAY

6 am	
7	
8	
9	
10	
11	
12 pm	
1	
2	
3	
4	
5	
6	
7	
8	

INGREDIENTS NEEDED:

DAILY RECIPES:

NOTES/TO DO::

SUNDAY

6 am	
7	
8	
9	
10	
11	
12 pm	
1	
2	
3	
4	
5	
6	
7	
8	

INGREDIENTS NEEDED:

DAILY RECIPES:

NOTES/TO DO::

MONDAY

6 am	
7	
8	
9	
10	
11	
12 pm	
1	
2	
3	
4	
5	
6	
7	
8	

INGREDIENTS NEEDED:

DAILY RECIPES:

NOTES/TO DO::

TUESDAY

6 am	
7	
8	
9	
10	
11	
12 pm	
1	
2	
3	
4	
5	
6	
7	
8	

INGREDIENTS NEEDED:

DAILY RECIPES:

NOTES/TO DO::

WEDNESDAY

6 am	
7	
8	
9	
10	
11	
12 pm	
1	
2	
3	
4	
5	
6	
7	
8	

INGREDIENTS NEEDED:

DAILY RECIPES:

NOTES/TO DO::

THURSDAY

6 am	
7	
8	
9	
10	
11	
12 pm	
1	
2	
3	
4	
5	
6	
7	
8	

INGREDIENTS NEEDED:

DAILY RECIPES:

NOTES/TO DO::

FRIDAY

6 am	
7	
8	
9	
10	
11	
12 pm	
1	
2	
3	
4	
5	
6	
7	
8	

INGREDIENTS NEEDED:

DAILY RECIPES:

NOTES/TO DO::

SATURDAY

6 am	
7	
8	
9	
10	
11	
12 pm	
1	
2	
3	
4	
5	
6	
7	
8	

INGREDIENTS NEEDED:

DAILY RECIPES:

NOTES/TO DO::

SUNDAY

6 am	
7	
8	
9	
10	
11	
12 pm	
1	
2	
3	
4	
5	
6	
7	
8	

INGREDIENTS NEEDED:

DAILY RECIPES:

NOTES/TO DO::

MONDAY

6 am	
7	
8	
9	
10	
11	
12 pm	
1	
2	
3	
4	
5	
6	
7	
8	

INGREDIENTS NEEDED:

DAILY RECIPES:

NOTES/TO DO::

TUESDAY

6 am	
7	
8	
9	
10	
11	
12 pm	
1	
2	
3	
4	
5	
6	
7	
8	

INGREDIENTS NEEDED:

DAILY RECIPES:

NOTES/TO DO::

WEDNESDAY

6 am	
7	
8	
9	
10	
11	
12 pm	
1	
2	
3	
4	
5	
6	
7	
8	

INGREDIENTS NEEDED:

DAILY RECIPES:

NOTES/TO DO::

THURSDAY

6 am	
7	
8	
9	
10	
11	
12 pm	
1	
2	
3	
4	
5	
6	
7	
8	

INGREDIENTS NEEDED:

DAILY RECIPES:

NOTES/TO DO::

FRIDAY

6 am	
7	
8	
9	
10	
11	
12 pm	
1	
2	
3	
4	
5	
6	
7	
8	

INGREDIENTS NEEDED:

DAILY RECIPES:

NOTES/TO DO::

SATURDAY

6 am	
7	
8	
9	
10	
11	
12 pm	
1	
2	
3	
4	
5	
6	
7	
8	

INGREDIENTS NEEDED:

DAILY RECIPES:

NOTES/TO DO::

SUNDAY

6 am	
7	
8	
9	
10	
11	
12 pm	
1	
2	
3	
4	
5	
6	
7	
8	

INGREDIENTS NEEDED:

DAILY RECIPES:

NOTES/TO DO::

MONDAY

6 am	
7	
8	
9	
10	
11	
12 pm	
1	
2	
3	
4	
5	
6	
7	
8	

INGREDIENTS NEEDED:

DAILY RECIPES:

NOTES/TO DO::

TUESDAY

6 am	
7	
8	
9	
10	
11	
12 pm	
1	
2	
3	
4	
5	
6	
7	
8	

INGREDIENTS NEEDED:

DAILY RECIPES:

NOTES/TO DO::

WEDNESDAY

6 am	
7	
8	
9	
10	
11	
12 pm	
1	
2	
3	
4	
5	
6	
7	
8	

INGREDIENTS NEEDED:

DAILY RECIPES:

NOTES/TO DO::

THURSDAY

6 am	
7	
8	
9	
10	
11	
12 pm	
1	
2	
3	
4	
5	
6	
7	
8	

INGREDIENTS NEEDED:

DAILY RECIPES:

NOTES/TO DO::

FRIDAY

6 am	
7	
8	
9	
10	
11	
12 pm	
1	
2	
3	
4	
5	
6	
7	
8	

INGREDIENTS NEEDED:

DAILY RECIPES:

NOTES/TO DO::

SATURDAY

6 am	
7	
8	
9	
10	
11	
12 pm	
1	
2	
3	
4	
5	
6	
7	
8	

INGREDIENTS NEEDED:

DAILY RECIPES:

NOTES/TO DO::

SUNDAY

6 am	
7	
8	
9	
10	
11	
12 pm	
1	
2	
3	
4	
5	
6	
7	
8	

INGREDIENTS NEEDED:

DAILY RECIPES:

NOTES/TO DO::

MONDAY

6 am	
7	
8	
9	
10	
11	
12 pm	
1	
2	
3	
4	
5	
6	
7	
8	

INGREDIENTS NEEDED:

DAILY RECIPES:

NOTES/TO DO::

TUESDAY

6 am	
7	
8	
9	
10	
11	
12 pm	
1	
2	
3	
4	
5	
6	
7	
8	

INGREDIENTS NEEDED:

DAILY RECIPES:

NOTES/TO DO::

WEDNESDAY

6 am	
7	
8	
9	
10	
11	
12 pm	
1	
2	
3	
4	
5	
6	
7	
8	

INGREDIENTS NEEDED:

DAILY RECIPES:

NOTES/TO DO::

THURSDAY

6 am	
7	
8	
9	
10	
11	
12 pm	
1	
2	
3	
4	
5	
6	
7	
8	

INGREDIENTS NEEDED:

DAILY RECIPES:

NOTES/TO DO::

FRIDAY

6 am	
7	
8	
9	
10	
11	
12 pm	
1	
2	
3	
4	
5	
6	
7	
8	

INGREDIENTS NEEDED:

DAILY RECIPES:

NOTES/TO DO::

SATURDAY

6 am	
7	
8	
9	
10	
11	
12 pm	
1	
2	
3	
4	
5	
6	
7	
8	

INGREDIENTS NEEDED:

DAILY RECIPES:

NOTES/TO DO::

SUNDAY

6 am	
7	
8	
9	
10	
11	
12 pm	
1	
2	
3	
4	
5	
6	
7	
8	

INGREDIENTS NEEDED:

DAILY RECIPES:

NOTES/TO DO::

Monday

6 am	
7	
8	
9	
10	
11	
12 pm	
1	
2	
3	
4	
5	
6	
7	
8	

Ingredients Needed:

Daily Recipes:

Notes/To Do::

TUESDAY

6 am	
7	
8	
9	
10	
11	
12 pm	
1	
2	
3	
4	
5	
6	
7	
8	

INGREDIENTS NEEDED:

DAILY RECIPES:

NOTES/TO DO::

WEDNESDAY

6 am	
7	
8	
9	
10	
11	
12 pm	
1	
2	
3	
4	
5	
6	
7	
8	

INGREDIENTS NEEDED:

DAILY RECIPES:

NOTES/TO DO::

THURSDAY

6 am	
7	
8	
9	
10	
11	
12 pm	
1	
2	
3	
4	
5	
6	
7	
8	

INGREDIENTS NEEDED:

DAILY RECIPES:

NOTES/TO DO::

FRIDAY

6 am	
7	
8	
9	
10	
11	
12 pm	
1	
2	
3	
4	
5	
6	
7	
8	

INGREDIENTS NEEDED:

DAILY RECIPES:

NOTES/TO DO::

SATURDAY

6 am	
7	
8	
9	
10	
11	
12 pm	
1	
2	
3	
4	
5	
6	
7	
8	

INGREDIENTS NEEDED:

DAILY RECIPES:

NOTES/TO DO::

SUNDAY

6 am	
7	
8	
9	
10	
11	
12 pm	
1	
2	
3	
4	
5	
6	
7	
8	

INGREDIENTS NEEDED:

DAILY RECIPES:

NOTES/TO DO::

MONDAY

6 am	
7	
8	
9	
10	
11	
12 pm	
1	
2	
3	
4	
5	
6	
7	
8	

INGREDIENTS NEEDED:

DAILY RECIPES:

NOTES/TO DO::

TUESDAY

6 am	
7	
8	
9	
10	
11	
12 pm	
1	
2	
3	
4	
5	
6	
7	
8	

INGREDIENTS NEEDED:

DAILY RECIPES:

NOTES/TO DO::

WEDNESDAY

6 am	
7	
8	
9	
10	
11	
12 pm	
1	
2	
3	
4	
5	
6	
7	
8	

INGREDIENTS NEEDED:

DAILY RECIPES:

NOTES/TO DO::

THURSDAY

6 am	
7	
8	
9	
10	
11	
12 pm	
1	
2	
3	
4	
5	
6	
7	
8	

INGREDIENTS NEEDED:

DAILY RECIPES:

NOTES/TO DO::

FRIDAY

6 am	
7	
8	
9	
10	
11	
12 pm	
1	
2	
3	
4	
5	
6	
7	
8	

INGREDIENTS NEEDED:

DAILY RECIPES:

NOTES/TO DO::

SATURDAY

6 am	
7	
8	
9	
10	
11	
12 pm	
1	
2	
3	
4	
5	
6	
7	
8	

INGREDIENTS NEEDED:

DAILY RECIPES:

NOTES/TO DO::

SUNDAY

6 am	
7	
8	
9	
10	
11	
12 pm	
1	
2	
3	
4	
5	
6	
7	
8	

INGREDIENTS NEEDED:

DAILY RECIPES:

NOTES/TO DO::

MONDAY

6 am	
7	
8	
9	
10	
11	
12 pm	
1	
2	
3	
4	
5	
6	
7	
8	

INGREDIENTS NEEDED:

DAILY RECIPES:

NOTES/TO DO::

TUESDAY

6 am	
7	
8	
9	
10	
11	
12 pm	
1	
2	
3	
4	
5	
6	
7	
8	

INGREDIENTS NEEDED:

DAILY RECIPES:

NOTES/TO DO::

WEDNESDAY

6 am	
7	
8	
9	
10	
11	
12 pm	
1	
2	
3	
4	
5	
6	
7	
8	

INGREDIENTS NEEDED:

DAILY RECIPES:

NOTES/TO DO::

THURSDAY

6 am	
7	
8	
9	
10	
11	
12 pm	
1	
2	
3	
4	
5	
6	
7	
8	

INGREDIENTS NEEDED:

DAILY RECIPES:

NOTES/TO DO::

FRIDAY

6 am	
7	
8	
9	
10	
11	
12 pm	
1	
2	
3	
4	
5	
6	
7	
8	

INGREDIENTS NEEDED:

DAILY RECIPES:

NOTES/TO DO::

SATURDAY

6 am	
7	
8	
9	
10	
11	
12 pm	
1	
2	
3	
4	
5	
6	
7	
8	

INGREDIENTS NEEDED:

DAILY RECIPES:

NOTES/TO DO::

SUNDAY

6 am	
7	
8	
9	
10	
11	
12 pm	
1	
2	
3	
4	
5	
6	
7	
8	

INGREDIENTS NEEDED:

DAILY RECIPES:

NOTES/TO DO::

MONDAY

6 am	
7	
8	
9	
10	
11	
12 pm	
1	
2	
3	
4	
5	
6	
7	
8	

INGREDIENTS NEEDED:

DAILY RECIPES:

NOTES/TO DO::

TUESDAY

6 am	
7	
8	
9	
10	
11	
12 pm	
1	
2	
3	
4	
5	
6	
7	
8	

INGREDIENTS NEEDED:

DAILY RECIPES:

NOTES/TO DO::

www.ingramcontent.com/pod-product-compliance
Lightning Source LLC
Chambersburg PA
CBHW021809170526
45157CB00007B/2521
* 9 7 8 1 0 8 3 0 4 6 7 7 2 *